토익 기본기 완성   Week **07**

Who 의문문

Who 의문문은 '누구'에 관해 묻는 의문문이며, When/Where 의문문과 더불어 Part 2에서 가장 쉬운 유형입니다. Who를 듣자마자 사람 이름이나 직책 등의 답변이 나올 것을 예상하고 선택지를 들으세요.

누가(Who) 매출 보고서를 요청했죠?

■ 사람 이름 응답

	누가 요청하다	
Q	**Who requested** the sales report?	누가 매출 보고서를 요청했죠?
A1	Mr. Looper did.	루퍼 씨가 했습니다.
A2	Jerry, the marketing director.	마케팅 이사인 제리 씨요.

■ 직책/부서명 응답

	누구 ~에게 말하다	
Q	**Who can I talk to** about my vacation?	누구에게 제 휴가에 관해 얘기할 수 있죠?
A1	Your supervisor.	당신의 상사요.
A2	Call the Personnel Department.	인사부에 전화해 보세요.

점수 UP Who 의문문에 자주 등장하는 직위/부서명

조직/직위/직책	부서
• headquarters, main office, head office 본사	• Personnel / Human Resources 인사부
• branch office 지사	• Accounting 회계부
• department, division 부서	• Finance 재무부
• president 사장	• Sales 영업부
• vice president 부사장	• Billing 청구서 발송부
• executive 임원	• Customer Service 고객 서비스부
• director 이사	• Maintenance 시설관리부
• supervisor 감독관, 상사	• Marketing 마케팅부
• manager 부장	• Advertising 광고부
• department head 부서장	• Production 생산부
• assistant 보조직원, 조수	• Technical Support 기술지원부
• intern 인턴	• IT 정보기술부

Quiz 음원을 듣고 각 선택지가 질문에 알맞은 응답이면 O, 아니면 X에 표시하고 빈칸을 채워보세요.

1 _____ in charge of scheduling meetings?

(A) Tomorrow morning. [O X]

(B) Mr. Tackett, I guess. [O X]

(C) The project manager. [O X]

2 _____ will lead the orientation session?

(A) In a meeting room. [O X]

(B) Some people from the Personnel Department. [O X]

(C) No, it was last week. [O X]

정답 및 해설 p. 23

▲ MP3 바로듣기

▲ 강의 바로보기

오늘 배운 내용을 바탕으로 연습문제를 풀어 보세요.

1 Mark your answer.　　(A)　(B)　(C)

2 Mark your answer.　　(A)　(B)　(C)

3 Mark your answer.　　(A)　(B)　(C)

4 Mark your answer.　　(A)　(B)　(C)

5 Mark your answer.　　(A)　(B)　(C)

6 Mark your answer.　　(A)　(B)　(C)

7 Mark your answer.　　(A)　(B)　(C)

8 Mark your answer.　　(A)　(B)　(C)

9 Mark your answer.　　(A)　(B)　(C)

10 Mark your answer.　　(A)　(B)　(C)

memo

Today's VOCA

01 unable ★★
언에이블 [ʌnéibl]
형 ~할 수 없는

be **unable** to attend the meeting
회의에 참석할 수 없다

02 renew ★★
뤼뉴- [rinjú:]
동 (계약을) 갱신하다, (기한을) 연장하다

renew one's subscription
구독을 갱신하다
파 **renewal** 명 갱신

03 replacement ★★
뤼플레이스먼(트) [ripléismənt]
명 교환, 교체(품), 후임

request a refund or **replacement**
환불이나 교환을 요청하다
파 **replace** 동 교체하다

04 affordable ★★
어뽀ㄹ더블 [əfɔ́:rdəbl]
형 저렴한

at an **affordable** price
저렴한 가격에
파 **affordably** 부 알맞게

05 need ★
니잇 [ni:d]
명 필요(성), 요구 동 ~을 필요로 하다

There is a **need** for
~에 대한 필요성이 존재하다

06 article ★
아ㄹ티클 [á:rtikl]
명 기사, 글

write an **article** for the company newsletter
회사 사보에 기사를 쓰다

07 subscription ★
썹스크립션 [səbskrípʃən]
명 구독(료), 정기구독

subscription to a fashion magazine
패션 잡지 구독
파 **subscribe** 동 구독하다

08 residential ★
뤠저덴셜 [rezədénʃəl]
형 가정의, 주거의

provide both **residential** and commercial services
가정용 및 기업용 서비스를 모두 제공하다

📖 동명사의 명사적 특성

동명사는 말 그대로 동사에 -ing를 붙여 명사처럼 사용하고, 명사와 마찬가지로 문장에서 주어, 목적어, 보어로 사용할 수 있습니다. 동명사는 동사를 변형시켜 명사로 사용하기 때문에 명사와 어떤 점에서 같고 다른 지를 알아 두어야 합니다.

■ 주어 또는 보어로 사용

동명사가 주어로 사용되면 '~하는 것'이라고 해석하며, 단수 취급해야 합니다. 보어로 사용되는 경우 주로 be동사 뒤에 위치해 '~하는 것이다'라고 해석하면 됩니다.

Arriving early at the seminar is strongly recommended.
세미나에 일찍 도착하는 것이 강력히 권고됩니다.

His primary responsibility is training new employees.
그의 주된 책무는 신입사원들을 교육하는 것이다.

■ 전치사의 목적어로 사용

토익에서 동명사는 consider, recommend, avoid 등 특정 타동사의 목적어로도 쓰이지만, 전치사의 목적어로 가장 많이 사용됩니다. 전치사의 목적어로 사용되는 동명사 용법이 한정적이기 때문에 빈출 「전치사 + 동명사」 숙어들만 암기한다면 빠르게 문제를 풀 수 있습니다.

Before **leaving** the office, please turn all the lights off.
퇴근하기 전에 모든 전등을 끄십시오.

I look forward to **hearing** from you soon.
저는 당신으로부터 곧 소식을 듣기를 고대합니다.

┈┈┈ 전치사 to를 to부정사의 to로 혼동하지 않도록 주의해야 해요.

 **5초 단축비법**

토익 빈출 「전치사 + 동명사」 숙어

look forward to -ing ~하기를 고대하다
be used to -ing ~하는 것에 익숙하다
be interested in -ing ~하는 것에 관심이 있다
be committed to -ing ~하는 것에 전념하다

be accustomed to -ing ~하는 것에 익숙하다
be capable of -ing ~할 수 있다
be dedicated to -ing ~하는 것에 전념하다
on[upon] -ing ~하자마자

 3초 퀴즈

We are committed to ------- our staff's welfare.

(A) promote
(B) promoting

■ 타동사의 목적어로 사용

타동사 뒤에는 반드시 목적어가 와야 합니다. 따라서 명사처럼 쓰이는 동명사도 타동사의 목적어 자리에 올 수 있습니다. 다만 주의할 점은 동명사를 목적어로 취하는 타동사가 따로 있기 때문에 해당 동사들을 따로 암기해야 합니다.

consider 고려하다	recommend 추천하다	avoid 피하다	enjoy 즐기다
mind 꺼리다	finish 끝마치다	suggest 제안하다	

You should **consider** **transferring** to the California office.
당신은 캘리포니아 지사로 전근 가는 것에 대해 생각해 보아야 한다.

▲ 강의 바로보기

오늘 배운 내용을 바탕으로 연습문제를 풀어 보세요.

1 ------- a passport is recommended when you travel from the U.S. to Canada.

(A) Carry (B) Carrying
(C) Carried (D) Carries

memo _____

2 Ms. Elliot is responsible for ------- personal information into the database system.

(A) to enter (B) enters
(C) entrance (D) entering

3 We always ------- having you come to our convention.

(A) ask (B) decide
(C) agree (D) enjoy

4 We will return your dry cleaning within 2 days of ------- it.

(A) receiving (B) receive
(C) received (D) will receive

5 Ms. Hubbert is ------- taking a long holiday this summer.

(A) considering (B) thinking
(C) hoping (D) planning

Today's VOCA

▲ MP3 바로듣기

01 subscriber
썹스크롸이버ㄹ [səbskráibər]
명 구독자

a business magazine with over 200,000 **subscribers**
구독자가 20만 명이 넘는 경제지
📵 subscribe 동 구독하다

02 bring
브륑 [briŋ]
동 가져오다, 데려오다, 제기하다

be required to **bring** a laptop with them
노트북 컴퓨터를 가지고 다녀야 하다

03 period
피어뤼엇 [píːəriəd]
명 기간

during the promotional **period**
판촉활동 기간 동안
📵 **periodically** 부 정기적으로

04 sold out
솔-다웃 [sóuldáut]
형 매진된

All of the tickets were **sold out**.
모든 표가 매진되었다.

05 valid
봴릿 [vǽlid]
형 유효한, 입증된

a **valid** form of identification
유효한 신분증

06 exchange
익스췌인쥐 [ikstʃéindʒ]
동 (같은 종류로) 교환하다 명 교환

exchange the printer for a more portable one
프린터를 좀 더 휴대성이 좋은 것으로 교환하다

07 launch
러언취 [lɔːntʃ]
동 출시하다, 착수하다 명 출시, 개시

launch a new round of advertising
새로운 광고를 출시하다

08 vendor
뷀더ㄹ [véndər]
명 판매업체, 상인, 판매자

order the item from a different **vendor**
다른 판매업체로부터 물건을 주문하다

What / Which 의문문

What의 기본 의미는 '무엇'이지만, 뒤에 오는 명사에 따라 시간, 날짜, 이름, 주제, 금액 등을 묻는 질문이 될 수 있어요. What 뒤에 이어지는 명사가 가장 중요한 단어라서 강세가 적용되기 때문에 이 부분을 놓치지 말고 들어야 해요.

■ What 의문문

· What's the price of ~?	~의 가격이 얼마인가요?
· What's the fastest way ~?	무엇이 가장 빠른 길[방법]인가요?
· What's the date ~?	며칠에 ~인가요?
· What time ~?	몇 시에 ~인가요?
· What kind of ~?	어떤 종류의 ~인가요?
· <u>What do you think about[of] ~?</u>	~에 대해 어떻게 생각해요?

·······의견을 묻는 What do you think about[of] ~? 질문은 통째로 기억해 두세요.

이 컴퓨터 가격이
얼마(What's the price)인가요?

Q 가격이 얼마
What's the price of this computer?   이 컴퓨터 가격이 얼마인가요?

A 800 dollars.   800달러입니다.

Q 몇 시
What time can we check in to the hotel?   몇 시에 호텔에 체크인할 수 있나요?

A Any time after two.   2시 이후에 언제든지요.

Q ~에 대해 어떻게 생각하세요?
What do you think about this coffee shop?   이 커피숍에 대해 어떻게 생각하세요?

A It's my favorite place.   제가 가장 좋아하는 곳이에요.

■ Which 의문문

의문사 Which는 '어느' 또는 '어느 것'이라고 해석하며, 「Which + 명사 ~?」혹은 「Which of + 명사 ~?」의 형태로 출제됩니다. What과 달리 대상의 범위가 정해져 있는 상황에서 사용해요.

·········· Which로 묻는 질문에는 대명사 one을 이용한 응답이
정답이 되는 경우가 많아요.

어느 백팩
Ⓠ **Which backpack** did you buy?   어느 백팩을 샀나요?

Ⓐ The cheapest one. ◄·········   가장 저렴한 것이요.

이 색상들 중 어느 것
Ⓠ **Which of these colors** do you like?   이 색상들 중 어느 것이 좋으세요?

Ⓐ I prefer the gray.   저는 회색을 선호합니다.

Quiz 음원을 듣고 각 선택지가 질문에 알맞은 응답이면 O, 아니면 X에 표시하고 빈칸을 채워보세요.

1 _____ are we meeting with the clients?

(A) Yes, I will attend the meeting.   [O X]

(B) Conference room B.   [O X]

(C) At noon.   [O X]

2 _____ are we going to use?

(A) The one on the third floor.   [O X]

(B) About marketing.   [O X]

(C) At 9:30 tomorrow.   [O X]

정답 및 해설 p. 25

오늘 배운 내용을 바탕으로 연습문제를 풀어 보세요.

1　Mark your answer.　　(A)　(B)　(C)

2　Mark your answer.　　(A)　(B)　(C)

3　Mark your answer.　　(A)　(B)　(C)

4　Mark your answer.　　(A)　(B)　(C)

5　Mark your answer.　　(A)　(B)　(C)

6　Mark your answer.　　(A)　(B)　(C)

7　Mark your answer.　　(A)　(B)　(C)

8　Mark your answer.　　(A)　(B)　(C)

9　Mark your answer.　　(A)　(B)　(C)

10　Mark your answer.　　(A)　(B)　(C)

memo

Today's VOCA

▲ MP3 바로듣기

01 moment ★

모우먼(트) [móumənt]

명 잠깐, 순간, (특정) 시기

take a **moment** to fill out the customer survey
잠깐 시간을 내서 고객 설문조사를 작성하다

02 alternative ★

얼터ㄹ너티입 [ɔːltə́ːrnətiv]

형 대체하는 명 대안

be scheduled for an **alternative** date
대체일로 일정을 잡다

파 **alternatively** 부 그 대신

03 provide ★★★★★

프뤄봐이(드) [prəváid]

동 제공하다

provide free installation for
~에 대한 무료 설치 서비스를 제공하다

04 expect ★★★★

익스펙(트) [ikspékt]

동 예상하다, 기대하다

expect some problems with
~에서 문제가 발생할 것을 예상하다

파 **expected** 형 예상되는, 기대되는

05 completely ★★★

컴플릿-리 [kəmplíːtli]

부 완전히

completely free of charge
완전히 무료로

파 **complete** 동 완료하다 형 완전한, 끝난

06 promote ★★★

프뤄모우(트) [prəmóut]

동 홍보하다, 장려하다, 고취하다, 승진시키다

promote their ideas to potential customers
잠재 고객들에게 아이디어를 홍보하다

파 **promotional** 형 홍보용의

07 shortly ★★★

쇼ㄹ옷(틀)리 [ʃɔ́ːrtli]

부 곧, 금방

be expected to reopen **shortly**
곧 다시 문을 열 것으로 예상되다

08 open ★★★

오우쁜 [óupən]

동 열다, 열리다 형 공개된, 영업중

open its third branch office
세 번째 지사를 열다

파 **opening** 명 개점, 일자리, 공석

Part 5

Day 04 동명사 ❷

📖 동명사 vs. 명사

동명사는 명사처럼 쓰일 수 있지만 명사와 완전히 똑같은 것은 아닙니다. 토익에서는 동명사와 명사의 쓰임을 구분해야 하는 문제가 출제되므로 그 차이점을 알아두어야 합니다.

■ 동명사와 명사 구분

동명사와 명사를 구분하는 수단 중 하나는 관사입니다. 명사는 관사와 함께 쓰일 수 있지만, 동명사는 관사와 함께 쓰일 수 없습니다.

> Mr. Baron is responsible for the [**development** / developing] of new products.
> 바론 씨는 신제품 개발을 담당하고 있다.

또, 명사는 뒤에 목적어를 바로 취할 수 없고 명사 목적어를 취하려면 반드시 전치사가 필요합니다. 하지만, 동명사는 뒤에 바로 명사 목적어를 가질 수 있습니다.

> [**Improving** / Improvement] **productivity** is an important factor for all businesses.
> 생산성을 향상시키는 것은 모든 업체들에게 매우 중요한 요소이다.

마지막으로, 명사를 수식하는 것은 형용사이지만, 동사에 -ing를 붙인 형태인 동명사는 동사를 수식하는 부사의 수식을 받습니다.

> We will conduct a **thorough** **review** of all safety procedures.
> 우리는 모든 안전 절차들의 철저한 검토를 시행할 것이다.
>
> We will prevent accidents by **thoroughly** **reviewing** all safety procedures.
> 우리는 모든 안전 절차들을 철저히 검토함으로써 사고를 방지할 것이다.

명사의 수식은 형용사가, 동명사의 수식은 부사가 담당해요.

📖 동명사의 동사적 특성

동명사는 동사에 -ing를 붙인 형태이기 때문에 목적어 또는 보어를 가지거나 부사 또는 전치사구의 수식을 받을 수 있는 등의 동사의 특성을 가지고 있습니다.

■ 목적어 또는 보어를 가짐

동명사는 동사처럼 목적어 또는 보어를 가질 수 있습니다.

3형식 타동사 reduce의 목적어 ⋯⋯⋯

The marketing director suggested **reducing** staff.
마케팅 이사는 직원을 줄이는 것을 제안했다.

Making your workplace organized will increase your
productivity.
⋯⋯⋯ 5형식 타동사 make의 목적격보어
업무 공간을 정돈하는 것이 여러분의 생산성을 증가시킬 것입니다.

3초 퀴즈

Please examine the
product after -------
the delivery.

(A) receipt
(B) receiving

■ 부사 또는 전치사구의 수식을 받음

동명사는 동사처럼 부사 또는 전치사구의 수식을 받을 수 있습니다.

We are thinking about significantly **cutting** expenses by sharing office spaces.
우리는 사무 공간을 공유함으로써 지출을 상당히 줄이는 것에 대해 생각 중이다.

특정 전치사와 함께 쓰이는 자동사가 동명사로 바뀔 때에도 뒤에 오는 전치사가 그대로 와야 됩니다.

Some employees are having trouble **concentrating** on
their work after lunch.
일부 직원들은 점심 식사 후에 그들의 업무에 집중하는 것을 힘들어하고 있다.

▲ 강의 바로보기

오늘 배운 내용을 바탕으로 연습문제를 풀어 보세요.

1 We are planning on ------- a new plant to increase production.

(A) built
(B) build
(C) building
(D) builds

memo

2 The ------- of promotional flyers will be carried out by Mark Greene.

(A) distributing
(B) distribute
(C) distributes
(D) distribution

3 Giving rewards is the best way of ------- a competitive workforce.

(A) retain
(B) retaining
(C) has retained
(D) retained

4 The ------- of new technologies in the last decade has completely transformed the workplace.

(A) emerge
(B) emerging
(C) emergence
(D) emerged

5 Mr. Peterson made his decision after ------- with his lawyer.

(A) consult
(B) consultation
(C) consulted
(D) consulting

Today's VOCA

01 currently ★★★
커-뤈(틀)-리 [kə́:rəntli]
🎙 현재, 지금

be **currently** offering discounts
현재 할인행사를 진행 중이다
🔄 **current** 🎙 현재의 🎙 경향, 흐름

02 previous ★★★
프뤼-뷔어스 [prí:viəs]
🎙 이전의

ignore the **previous** message
이전 메시지를 무시하다

03 comparable ★★
캄퍼러블 [kámpərəbl]
🎙 비교할 만한, 필적할 만한

be **comparable** in quality to
품질면에서 ~와 비교할 만하다

04 impressive ★★
임프뤠씨입 [imprésiv]
🎙 인상적인, 놀라운

obtain **impressive** results
인상적인 결과를 얻다

05 use ★★
🎙 유-즈[juːz] 🎙 유-스 [juːs]
🎙 사용하다 🎙 사용, 용도

survey techniques **used** in the
marketing industry
마케팅 업계에서 사용되는 설문 기법
🔄 **useful** 🎙 유용한

06 meet ★★
미잇 [miːt]
🎙 만나다, 충족하다

meet frequently
자주 만나다

07 leading ★★
리-딩 [líːdiŋ]
🎙 선도적인, 주도하는

become a **leading** manufacturer
선도적인 제조사가 되다
🔄 **lead** 🎙 초래하다(to), 주도하다 🎙 선두, 우위

08 relatively ★★
뤨러팁(을)리 [rélətivli]
🎙 상대적으로, 비교적

at **relatively** affordable prices
상대적으로 저렴한 가격에

VOCA

● 단어와 그에 알맞은 뜻을 연결해 보세요.

1 launch   •   • (A) 유효한, 입증된

2 period   •   • (B) 기간

3 valid   •   • (C) 출시하다, 착수하다, 출시, 개시

● 다음 빈칸에 알맞은 단어를 선택하세요.

4 be expected to reopen -------
   곧 다시 문을 열 것으로 예상되다

5 be ------- offering discounts
   현재 할인행사를 진행 중이다

6 at ------- affordable prices
   상대적으로 저렴한 가격에

| (A) currently |
| (B) shortly |
| (C) relatively |

● 실전 문제에 도전해 보세요.

7 Ms. Buttersworth needs to ------- her health insurance.

   (A) open   (B) exchange
   (C) renew   (D) expect

8 Jumbo Burger's managers asked employees to ------- their handbooks with them.

   (A) subscribe   (B) promote
   (C) provide   (D) bring

한 주 동안 학습한 내용을 적용하여 기출변형 문제들을 풀어 보세요.

▲ MP3 바로듣기

▲ 강의 바로보기

1　Mark your answer.　　　(A)　(B)　(C)

2　Mark your answer.　　　(A)　(B)　(C)

3　Mark your answer.　　　(A)　(B)　(C)

4　Mark your answer.　　　(A)　(B)　(C)

5　Mark your answer.　　　(A)　(B)　(C)

6　Mark your answer.　　　(A)　(B)　(C)

7　Mark your answer.　　　(A)　(B)　(C)

8　Mark your answer.　　　(A)　(B)　(C)

9　Mark your answer.　　　(A)　(B)　(C)

10　Mark your answer.　　　(A)　(B)　(C)

DAY 05

Weekly Test

한 주 동안 학습한 내용을 적용하여 기출변형 문제들을 풀어 보세요.

▲ 강의 바로보기

1 ------- a new plant is a tough challenge faced by manufacturing companies during a recession.

(A) Building
(B) Build
(C) Built
(D) Builds

2 In spite of ------- additional support on the project, Mr. Wang could not meet the deadline.

(A) received
(B) be receiving
(C) has received
(D) receiving

3 Those who are ------- taking a long holiday should contact their supervisor for an approval form.

(A) considering
(B) intending
(C) choosing
(D) wanting

4 Electronics industry analysts recommended ------- low-end mobile devices at a lower cost.

(A) develop
(B) developed
(C) developing
(D) development

5 The ------- of the new shopping mall is likely to affect the community in terms of employment.

(A) opening
(B) open
(C) opens
(D) opened

6   We, Helford Textile, are committed to ------- carpets that remain durable over a long period of time.

(A) produce
(B) producing
(C) productivity
(D) production

7   Ms. Raffion's manager commended her for accurately ------- data into the new tracking system.

(A) enter
(B) entered
(C) entering
(D) entrance

8   We ------- having you come to our convention each year and hope you find this year's changes acceptable.

(A) ask
(B) hope
(C) agree
(D) enjoy

DAY 05

Weekly Test

9   In response to the feedback, the company will focus on ------- staff to provide improved service.

(A) train
(B) trainer
(C) training
(D) trained

10 Upon ------- the ongoing project, Haddler Design will start a new project to develop a complex in Boston.

(A) completion
(B) completing
(C) completed
(D) complete

Week **07**
정답 및 해설